Geschichten aus der Alhambra

Illustrationen und Text: Lupo Cisnea

Gesamtherstellung:
EDITORIAL ESCUDO DE ORO, S.A.
Alle Rechte des Nachdrucks und der Übersetzung,
auch auszugsweise, vorbehalten.
Copyright © by EDITORIAL ESCUDO DE ORO, S.A.

1. Ausflag: Januar 2001
I.S.B.N. 84-378-2216-5
Hinterlegtes Pflichtexemplar B. 1516-2001

Druck: FISA-ESCUDO DE ORO S.A.
Palaudàries, 26-08004 Barcelona (Spanien).

www.eoro.com
E-Mail: editorial@eoro.com

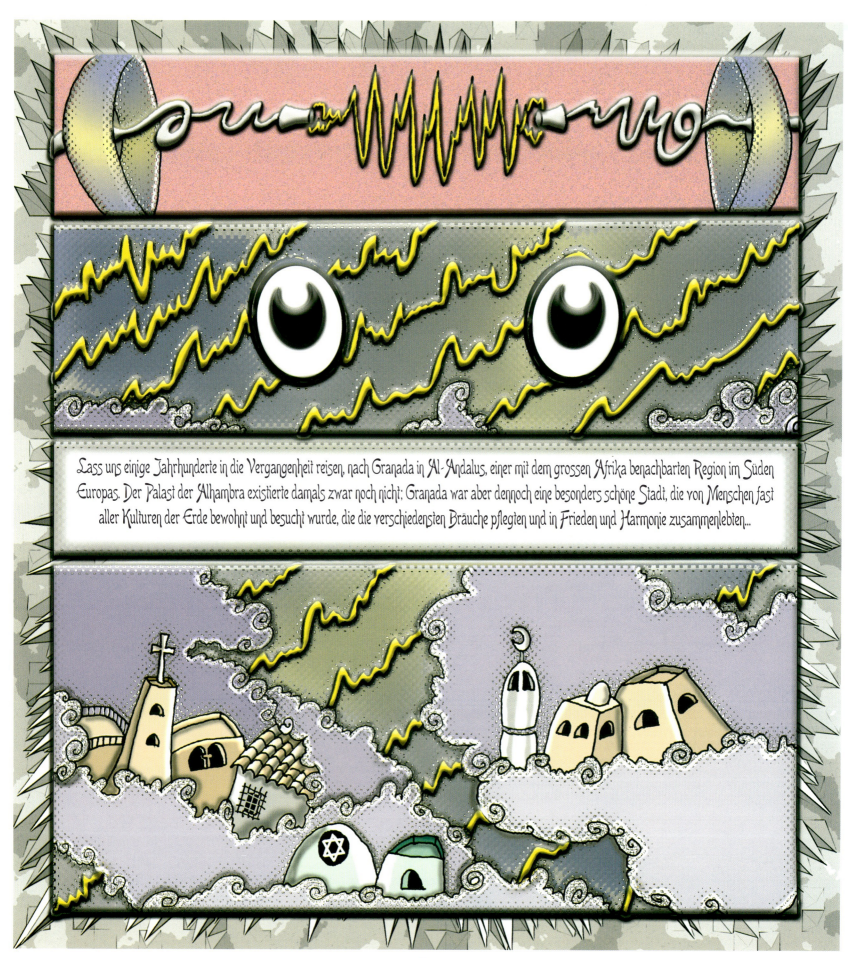

Granada war eine hübsche Stadt, die am Ufer des Río Genil zu Füssen der Sierra Nevada lag; dort, wo die Sommer heiss und die Winter kalt, sehr kalt sind. Die nahe tropische Küste, deren sanfte, warme Brise uns leckere Früchte aller Arten und Grössen beschert, das gesunde, reine Wasser und beste Kleidung aus feinen Stoffen in schönen Farben liessen sie zur reichsten Stadt des Abendlands werden, die von Königen und Kalifen der verschiedensten Kulturen, die sie mit prächtigen Palästen, Tempeln und Plätzen schmückten, geschätzt und begehrt wurde.

Regiert wurde das wegen seiner vielen Vorzüge begehrte Königreich von Granada und Jaén - zwei Paradiesen des Reichtums und Genusses, die im Laufe ihrer Geschichte unzählige Male erobert wurden - von König *Aben Habuz*, der zuvor schon über einhundert andere Städte erobert hatte.

Der nach einer wilden Jugend müde gewordene Aben Habuz erlangte also die Herrschaft über dieses begehrte Reich und entschied, sich zur Ruhe zu setzen, um die Besitztümer zu geniessen, die er denen entrissen hatte, die ihm unterlegen gewesen waren.

Für diesen Zweck wählte er, wie sollte es anders sein, die Stadt Granada. Dort zog er sich in einen seiner prachtvollsten Paläste zurück, der hoch und gut geschützt auf dem Albaicín lag. Von hier aus konnte er alle seine Untertanen gut beobachten und sich vor den Angriffen jener schützen, die, mit ihrem Schicksal unzufrieden, versuchten, zurückzuerlangen, was sie als ihr Eigentum betrachteten.

Der alte Mann wurde jedoch immer wieder belagert, Tag und Nacht ohne Unterlass, und musste mit ansehen, wie seine Feinde immer weiter vorrückten und er viele seiner Paläste, Männer und eroberten Reichtümer verlor. Er begann, sich schreckliche Sorgen zu machen und fürchtete sogar um sein kränkliches, mühseliges Leben. Zwar gelang es ihm, aus seiner Heimat Afrika gut belohnte und besoldete Truppen herbeizuholen, die ihn schützen sollten. Seine Feinde wurden jedoch immer zahlreicher. Zu denen, die ihre geschätzten und ihnen entrissenen Güter zurückholen wollten, kamen ihre nunmehr erwachsenen und zu Kriegern ausgebildeten Söhne und noch einmal so viele andere junge Rivalen - Prinzen voller jugendlichem Ehrgeiz nach Ruhm und Macht und Eroberer mit nicht allzu redlichen Absichten - hinzu.

Aben Habuz wehrte zwar eine Angriffswelle nach der anderen ab, wusste aber nicht, wie lange er ihnen noch standhalten könnte. Währenddessen lebte er in einem ständigen Zustand der Sorge und Anspannung, da die Feinde von überall aus den rauhen und zerklüfteten Bergen kommen konnten, die die Stadt umgaben und den anrückenden Truppen Schutz boten.

Aben Habuz sehnte sich nach Ruhe und wünschte nichts anderes, als in Frieden mit der ganzen Welt zu leben, seine Eroberungen zu verwalten und entspannt die Besitztümer zu genießen, dieser seinen Nachbarn entrissen hatte.

Während dies alles Aben Habuz Sorge bereitete, traf an seinem Hof ein alter ägyptischer Arzt und Astrologe ein. Er sah geheimnisvoll, fast komisch aus, hatte einen grauen Bart, der ihr bis an den Gürtel reichte, und behauptete, den ganzen Weg aus Ägypten zu Fuss zurückgelegt zu haben. Das war seltsam, denn sein Aussehen liess auf ein hohes Alter schliessen. Er schwor jedoch, als einzige Hilfe habe ihm sein aussergewöhnlicher Stock gedient, der mit Hieroglyphen und Zeichen bedeckt war und am oberen Ende eine merkwürdige Figur trug. Der fremde Greis besuchte die Stadt Granada und war von ihrem wunderbaren Charme begeistert, deshalb bot er dem König seine Dienste an: er sei müde, durch die Welt zu wandern, und er würde gern einige Jahre im Reich Aben Habuz' zu verbringen...

"Einige Jahre?", fragte der König. "Meint Ihr denn, Ihr habt noch viele zu leben?"

"Meine Name ist Ibrahim Ebn Abu Ayub, und ich bin über zwei Jahrhunderte alt. Dieses Alter habe ich erreicht, weil ich das grosse Geheimnis kenne, das es erlaubt, das Leben um beliebig viele Jahre zu verlängern. Dieses Geheimnis erfuhr ich zwischen den Pyramiden meiner Heimat Ägypten vor nunmehr über einhundert Jahren…"

"Na so was!", rief der König überrascht aus. "Wenn das wahr ist und Ihr mich von Eurem Geheimnis profitieren lasst, sollt Ihr alles haben, um das Ihr mich bittet. Habt Ihr mich jedoch angelogen… Nun gut, sei's drum… Ihr sagt, Ihr seid ein guter Arzt, und das werdet Ihr allerdings unter Beweis stellen können! Meine Gesundheit erlaubt es mir nicht mehr, meine Besitztümer zu verteidigen, und ich wünschte, ich wäre wieder dazu in der Lage."

"Ich glaube nicht, Herr, dass die Verteidigung Ihrer Besitztümer ein Problem ist, denn dafür habe ich die beste Lösung."

"Wollt Ihr mir vielleicht alle Soldaten Ägyptens herbeiholen, um sie für mich kämpfen zu lassen? Ha, ha, ha…! Macht Euch nicht lächerlich, alter Narr…", spottete der Herrscher von Granada.

"Viel einfacher als das", antwortete der Arzt. "Seht Ihr meinen magischen Stock?"

"Seid Ihr vielleicht ein Hexer?"

"Mein Zauber ist noch viel mächtiger, geliebter Herrscher. Dieser Stock stammt aus der Stadt Borsa, wo ich ihn von der Priesterin des Niltals als Gegenleistung für meine ärztlichen Dienste bekam. Er wurde aus dem heiligen Holz des ersten Baums des Paradieses geschnitzt, und die Figur des Kriegers mit der Lanze, die auf diesem Wetterhahn reitet, der seinerseits ein feinfühliges Juwel von erlesener und aussergewöhnlicher Schönheit und Macht darstellt, ist aus den wertvollsten Edelsteinen geschliffen."

"Ah! Sehr schön, aber... Was nützt mir so viel Pracht?", fragte der alte König erneut.

"Diese Figur kann sich in alle Richtungen drehen..."

"Wollt Ihr mir sagen, es handelt sich um eine schlichte Wetterfahne?"

"Eine Wetterfahne, Herr, die mit ihrer Lanzenspitze immer in die richtige Richtung zeigt..."

"Was soll das heissen? Wollt Ihr mich wieder zum Narren halten, verrückter Greis?"

"Das habe ich nicht vor, so wie ich es überhaupt nie nötig gehabt habe, mich über jemanden lustig zu machen. Ich bitte Euch lediglich, mir aufmerksam zuzuhören: Der Wetterhahn wird sich immer in die Richtung drehen, aus der sich der Feind nähert, und mit machtvoller Stimme zu krähen beginnen."

"Ihr wollt also behaupten, dieser Stock... diese Wetterfahne... oder was zum Teufel es auch sei, zeige mit seiner Lanze immer dorthin, wo sich meine Feinde befinden?"

"So ist es. Und er täuscht sich nie!"

"Und... was geschieht, wenn mehrere Feinde aus unterschiedlichen Richtungen anrücken?", fragte der König, während er sich am Kopf kratzte.

"Dann bewegt er sich in alle gebotenen Richtungen..."

"Allmächtiger Gott!", rief Aben Habuz aus. "Was für eine grosse Ehre wäre es, einen solchen Schatz zu besitzen, der die Berge der Umgebung bewacht; mit einem einzigartigen Krieger, der seine Lanze auf den Feind richtet, und einem Hahn, der kräht, wenn Gefahr droht! Wie ruhig könnte ich mit solchen Aufpassern in meinem Palast schlafen!"

"Genau", unterbrach ihn der Besitzer des so wundersamen Stocks. "Ihr bräuchtet Euch keine Sorgen mehr um den Feind zu machen, da Ihr seinen Absichten immer einen Schritt voraus wäret."

"Oh, weiser Ibrahim!", rief der König erneut aus. "Ein solcher Talisman wäre besser als alle Wachtürme auf den Hügeln und Grenzposten zusammen. Gebt mir das wertvolle Juwel, auf dass es mich schütze, und ich gebe Euch alle Reichtümer, die Ihr begehrt."

Der Astrologe wartete ab, bis sich der Herrscher Granadas beruhigt hatte, und sagte dann:

"Es sind keine Reichtümer oder Schätze, die ich am meisten begehre. Zunächst sollt Ihr Euch von der Wirksamkeit des Zauberstabs überzeugen, damit Ihr seht, dass es sich nicht um einen Schwindel handelt. Nach einem Monat werde ich Euch sagen, um welche Gegenleistung ich Euch bitte. Doch nun lasst in der Höhe des Albaicín einen Turm für den Wetterhahn errichten, so dass Ihr schon bald seinen melodischen Gesang hören könnt..."

So entstand noch vor dem ersten Hahnenschrei - welch treffender Ausdruck! - ein Turm auf dem Albaicín; länger konnte und wollte der König nicht warten. Und schon befand sich der Wetterhahn oben auf dem Gipfel, noch über den Wolken, von wo aus er die Berge der Umgebung nicht aus den Augen liess, damit er jeden Feind sogleich erblicke.

Gespannt fragte sich der König, was der alte Astrologe wohl im Tausch für die Dienste des Wetterhahns von ihm verlangen würde.

Aber der rätselhafte, wenn auch freundliche Besucher verriet es ihm nicht, sondern wartete in den vornehmen Gemächern des Königspalastes auf die erste Bewegung der Figur, die nun den hohen Turm auf dem Albaicín krönte.

Auch Aben Habuz wartete ungeduldig auf eine Bestätigung der Fähigkeiten des Talismans und sehnte sich ebenso stark nach einem Angriff, wie er zuvor nach Ruhe verlangt hatte...

Tatsächlich liess der erwartete Angriff nicht lange auf sich warten. Kastilische Truppen rückten mit grosser Geschwindigkeit an den Ufern des Guadalquivir in südwestliche Richtung auf die Stadt Granada vor, um die Ländereien zurückzuerobern, die ihnen Aben Habuz zuvor entrissen hatte.

Die über zweitausend Ritter waren nur noch weniger als zwei Tagesstrecken entfernt und kamen mit ihren Schwertern und Lanzen immer näher, ohne zu ahnen, dass sie König Aben Habuz nicht würden überraschen können.

Der Wetterhahn drehte nämlich plötzlich auf Nordost, und sein Reiter wies mit der Lanze auf die Eindringlinge, während der Vogel einen lauten Schrei ausstiess, von der Art eines morgendlichen Krähens, jedoch hundertmal kraftvoller und durchdringender.

Die Figur, die Lanze und der Reiter blieben in dieser Richtung stehen, und alle Bewohner der Stadt, die die wahre Natur der geheimnisvollen, magischen Figur natürlich nicht kannten, bekamen ein unglaubliches Spektakel zu hören und zu sehen.

König Aben Habuz sandte fast alle seine Truppen zur Verteidigung der Wege aus, die nach Nordosten führten. Aber noch immer zweifelte der alte, wenn auch hoffnungsvolle Monarch die Wirksamkeit des Talismans gegenüber dem weisen Ägypter an: "Allah vergebe mir mein Misstrauen, aber... Wenn Ihr, weiser Ibrahim, nun mit dem Feind unter einer Decke steckt und mich betrügen wollt und meine Feinde aus einer anderen Richtung kommen als der Wetterhahn anzeigt?"

"Ich glaube, Herr, dies ist ein Risiko, das Ihr eingehen müsst", verteidigte sich der Astrologe. "Ausserdem werdet Ihr Eure Zweifel schon sehr bald vergessen, und wenn es von meiner Seite einen Betrug gäbe, so wüsste ich wohl, dass Eure Leibwache mir mein Leben nehmen würde. So tragen wir beide das gleiche Risiko, meint Ihr nicht?"

"Ihr habt wie immer Recht, mein Freund, und ich hoffe, Euch nie wieder misstrauen zu müssen, guter Ibrahim."

Die Kastilier, die auf die Stärke ihrer Truppe vertrauten und ausserdem nicht damit rechneten, am hellichten Tag erwartet zu werden, kamen mit grosser Begeisterung angeritten, weil sie dachten, sie könnten die Soldaten Aben Habuz' unbewaffnet überraschen...

"Ha, ha, ha...!", lachte der kastilische Heerführer, der Rohling Don Sancho. "Diesen Dummköpfe werden wir einen ganz schönen Schrecken einjagen!"

Und im Glauben, die Rückeroberung des Königreichs wäre sehr einfach, näherten sie sich geschwind der Stadt Granada...

Aber dem war nicht so: die Untertanen des alten muselmanischen Königs lagen gut bewaffnet auf der Lauer, beobachteten den Vorstoss der christlichen Truppen aus Hunderten von Augen und erwarteten mit gespitzten Ohren den **Angriffsbefehl**.

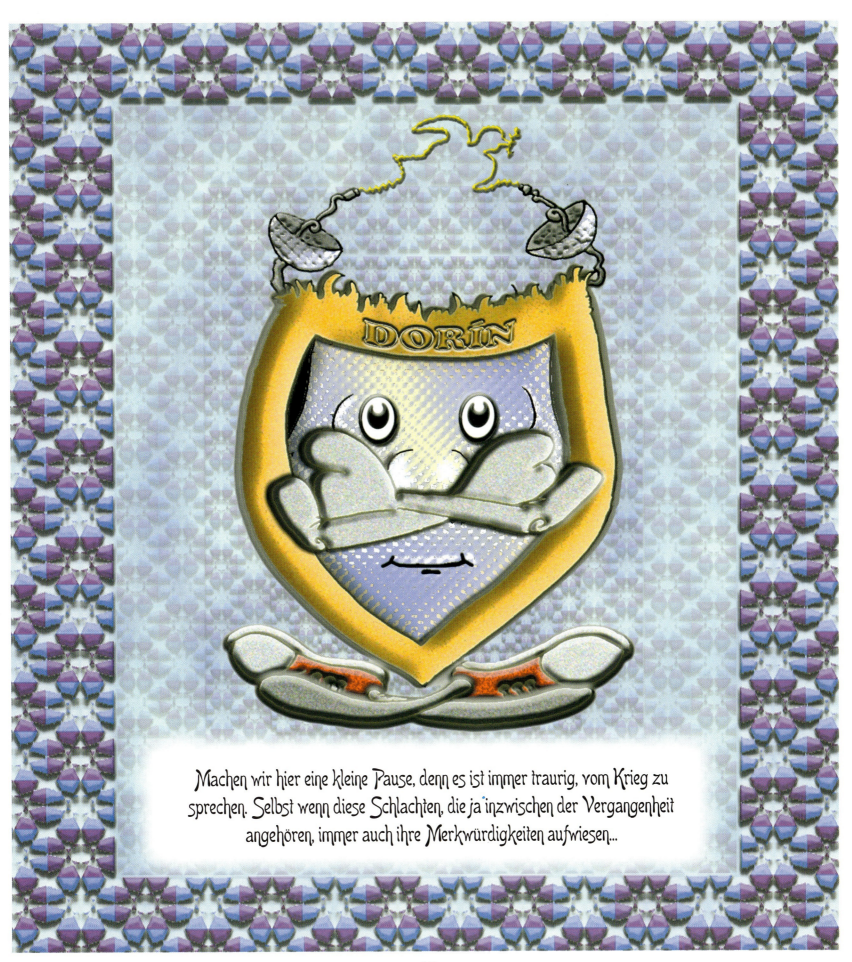

Obwohl der Wetterhahn rechtzeitig gewarnt hatte, war der Tod vieler Männer auf dem Schlachtfeld unvermeidbar. Der Sieg Aben Habuz' über Sancho von Kastilien fiel trotzdem deutlich aus, und die Kastilier kehrten über den Despeñaperros-Passss in ihre Heimat zurück. Die Lust zu einem weiteren Versuch, das Reich von Granada zu erobern, war ihnen gründlich vergangen.

König Aben Habuz begann seiner Zukunft nun mit viel mehr Ruhe entgegenzusehen. Er konnte sich ja jetzt auf die Dienste des weisen Ägypters und seines feinen Talismans, über den er glücklicherweise verfügte, verlassen.

"Ich bin Euch wirklich dankbar, werter Freund Ibrahim, dass Ihr Euch wegen meines Mitrauens nicht entrüstet habt. Nun konntet Ihr Euch jedoch selbst ein Bild davon machen, in welch heikler Lage ich mich befinde und von wie vielen Feinden ich bedrängt werde. Ihr selbst geniesst nunmehr mein volles Vertrauen, ebenso wie Euer Talisman und seine Fähigkeiten. Deshalb glaube ich, es ist an der Zeit, dass Ihr eine Gegenleistung von mir erbittet."
"Sicherlich wird Granada jetzt, wo alle Schlachten zu Euren Gunsten stehen, zu einer sicheren und bequemen Stadt. Deshalb käme ich gern in den Genuss eines eigenen Heims."
"Seid Ihr denn im Palast nicht zufrieden? Hier könnt Ihr nach Belieben sämtlichen Genüssen frönen."
"Es sind nicht Genüsse, die ich begehre, Herr, sondern Einsamkeit... Einsamkeit und Frieden..."

Am Ende seines langen Spaziergangs entlang der unzählbaren verschlungenen Wege des Albaicín genehmigte sich der Weise eine wohlverdiente und willkommene Pause. Dann besuchte er noch die liebenswerten und stimmungsvollen Höhlenwohnungen auf dem benachbarten Sacromonte, wo ihm einer der schönsten Abende seines schon so langen Lebens vergönnt war und er unter dem beeindruckenden andalusischen Mond den angenehmen Charakter ihrer gastfreundlichen Bewohner und die Fröhlichkeit ihrer Musik und ihrer Tänze kennenlernte...

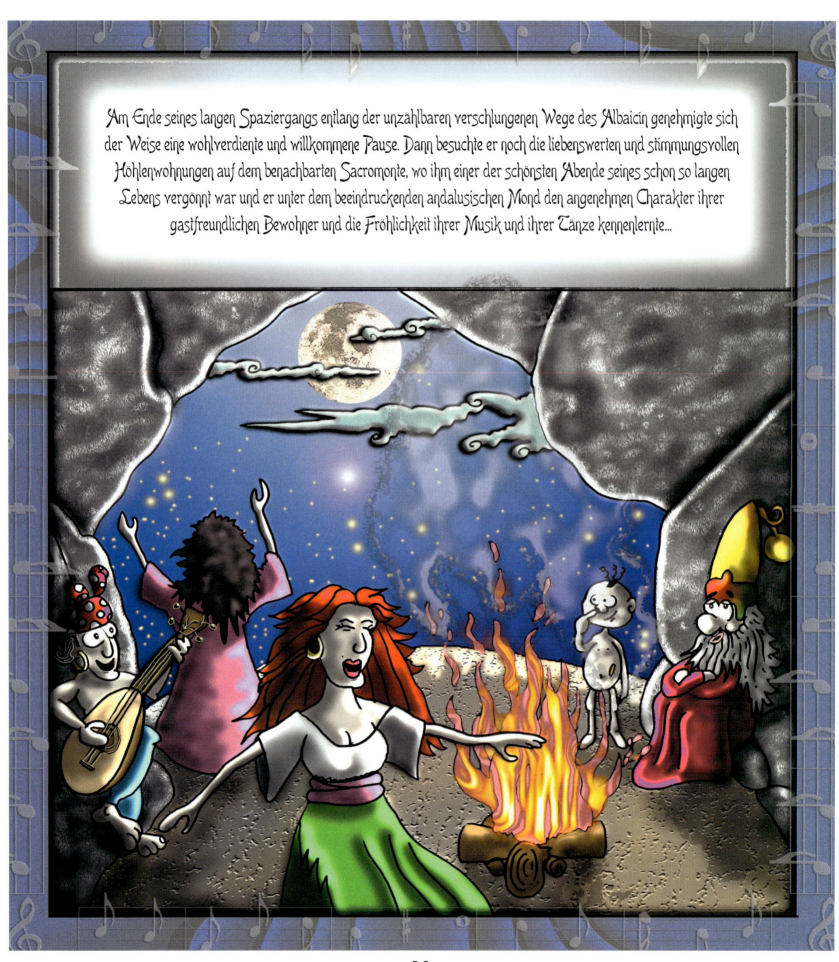

Ausserdem hatte er noch die Gelegenheit, die dicht bewachsene granadische Flusslandschaft mit ihren vielen farbenfrohen, zum tropischen Süden hin ausgerichteten Obst- und Gemüsegärten kennenzulernen.

"Kein schlechter Ort, um sich niederzulassen. Zumindest wird es mir an guter Kost nicht mangeln."

Und natürlich stieg er auch in die Sierra Nevada hinauf, um in den Genuss ihrer einzigartigen Landschaften zu kommen.

"Sehr schön, aber... zu kalt für meine alten, empfindlichen Knochen."

Der Weise hatte die vornehmsten Viertel Granadas kennengelernt und zahlreiche Paläste und herrschaftliche Häuser besucht, als ihm eines Abends, während er am Río Darro auf der später so getauften "Promenade der Traurigen" spazierenging, etwas auffiel:

"Wie ist es nur möglich, dass ich diesen wundervollen, seltsamen roten Hügel noch nie bemerkt habe, den ich dort vor mir sehe?"

Am Hang des Albaicín, zwischen der Sierra Nevada und der Aue, schaute zwischen den wilden Gärten des Flussufers zaghaft ein grüner Wald von beträchtlicher Schönheit hervor.

Der alte Weise ging erneut in sich: "Dieser Hügel soll gewiss meine Heimat werden, dort will ich mein Haus bauen lassen... oder, besser noch... eine grosse Höhlenwohnung..."

Der Zauberer hatte richtig erkannt, dass der Anhöhe eine besondere Kraft innewohnte; eine verborgene Energie, die dafür sorgte, dass er sich wieder angenehm jung und glücklich fühlte.

"Wenn ich Euch richtig verstehe, mein werter Freund Ibrahim, habt Ihr Euch also, nachdem Ihr die ganze Stadt Granada mit all ihren Vierteln und ihrer Umgebung besucht und Häuser und Paläste, Landhäuser und Villen kennengelernt habt, dafür entschieden, in einer dieser kalten, dunklen Höhlen des Sacromonte zu leben?"

"Genau gesagt, Herr, ist es nicht der Sacromonte, wo ich leben möchte, sondern der ihm gegenüberliegende Hügel."

"Wollt Ihr sagen, Ihr habt den roten Hügel zum Wohnort erwählt?"

"Genau, diese Anhöhe ist der beste Ort zum Leben, den Granada zu bieten hat. Seine Energie ist unermesslich und sein Licht warm und ewig. Ausserdem lassen sich von diesem roten Hügel aus die ganze Stadt, die Aue und das hinter uns liegende hohe, verschneite Gebirge überblicken."

"Schon, aber…", wandte der König verblüfft ein. "Noch nie hat dort eine Menschenseele gelebt. Mehr noch: Man sagt, der Ort sei verwunschen."

"Genau", antwortete der Zauberer. "Genau deshalb gefällt er mir."

"Nun gut, Euer Wunsch soll Euch erfüllt werden. Ich werde den Bau eines Palastes befehlen, der dem Wert Eurer Dienste für die Krone entspricht, denn Euch habe ich zu verdanken, dass ich nun endlich ruhig in meinem wundervollen Reich leben kann."

"Das ist nicht nötig, mein gross zügiger Herr. Das einzige, was ich möchte, ist, in Bescheidenheit, Einfachheit und vollkommener Einsamkeit zu leben, und deshalb soll die einzige Höhle, die es dort gibt, mein Heim werden. Ich werde dort glücklich sein, das kann ich Euch versichern…"

König Aben Habuz war nun noch erstaunter und sagte, während er sein Bad in Gegenwart des Weisen fortsetzte: "Diese Zauberer, die spinnen doch alle!"

Einige Tage später bezog der Astrologe Ibrahim die kleine Höhle, die die einzige im roten Hügel war, und hatte sie schon wenig später mit Hunderten von Büchern, Hausrat und zahlreichen Utensilien für astrologische, magische und alchemistische Zwecke vollgestopft.

Er wollte weder Bequemlichkeiten noch Luxus, sondern war mit seinem kleinen Raum zufrieden. Seine einzige Gesellschaft war die der Tiere, die sich seiner Höhle täglich näherten, um ihn zu grüssen, weil ihnen der Magier dafür einige Reste seiner wenigen und kargen Mahlzeiten anbot.

Er war glücklich, der weise Greis, und genoss den Blick auf die friedvolle Stadt zu seinen Füssen und die ewig verschneiten Gipfel des Gebirges in seinem Rücken, das der Höhle, die sich in einer der Felsspalten des rötlichen Hügels verbarg, Schutz zu bieten schien.

Von Zeit zu Zeit besuchte der Astrologe, der ja, wie wir bereits wissen, auch Arzt war, König Aben Habuz in seinem Palast auf dem hohen Albaicín, um sich nach dessen Befinden zu erkundigen.

"Ihr könnt es gern noch einmal überlegen", sagte ihm der König, "ob ihr unter die Leute zurückkehren wollt. Ihr wisst, dass Euch meine Paläste zur Verfügung stehen..."

"Herr, ich bin Euch für Eure Angebote sehr dankbar, aber dieser magische Hügel erlaubt es mir, eine ganz besondere Luft zu atmen, und ausserdem bietet er mir eine melodische Stille, die meine Studien und Beobachtungen begünstigt."

"Nun gut", wiederholte der Monarch sein Angebot. "Aber ich bestehe darauf, dass Ihr, solltet Ihr noch einmal eine Bitte an mich haben - und zwar egal, welche -, nicht zögert, sie mich wissen zu lassen..."

Die Ruhe im Königreich Granada hielt jedoch nicht lange an, denn die arabischen Emire von Kastilien, die natürliche Verbündete von Aben Habuz waren, konnten von diesem, - dank des magischen Wetterhahns vom Albaicín, vor einem bevorstehenden Angriff der Barbaren aus dem Norden gewarnt werden. So waren die arabischen Brüder in der Lage, den mitteleuropäischen Feind zu überraschen und zu besiegen, und Prinz Zeydun kam Granada besuchen, um sich bei König Aben Habuz für seine wichtige Unterstützung zu bedanken und ihm ein überraschendes Geschenk anzubieten, das er unmöglich ablehnen konnte...

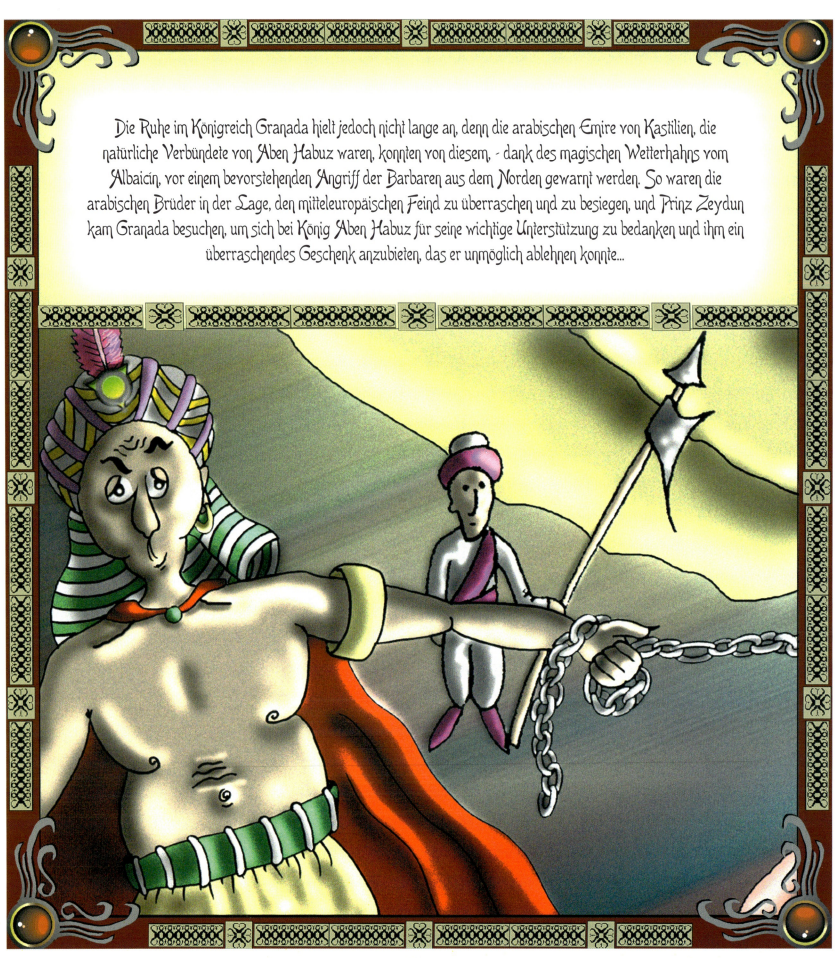

Die Bevölkerung von Granada konnte nicht glauben, was ihre Augen in den Strassen der Stadt zu sehen bekamen: eine mit dicken Ketten aus reinem Silber gefesselte gotische Prinzessin von grosser Schönheit und Anmut mit langem, feinem, goldblondem Haar, die ein unbekannter Prinz gegen ihren Willen mit sich führte.

Die Prinzessin, die den Namen Helena trug und dem Feind aus dem Norden geraubt worden war, war das erstaunliche Geschenk, das der König als Zeichen des Dankes empfangen sollte...

Die Stadt Granada verwandelte sich in einen einzigen grossen Festplatz, um das Präsent des edlen Besuchers in Empfang zu nehmen. Noch nie zuvor hatte man im Reich Aben Habuz' eine solche Schönheit gesehen, und alle waren von der anmutigen Fremden entzückt und hingerissen. Als Zeichen dafür wurden Hunderte von vielfarbigen Drachen fliegen gelassen, die am Himmel herzförmige Silhouetten formten, als wollten sie die Wolken erreichen und sich für immer zu ihnen gesellen.

Nach unzähligen Kämpfen und Schlachten schien die Liebe wie ein vorzeitiger Frühling das Reich von Granada erreicht zu haben, und die Bewohner kamen von überall herbei, weil niemand dem Verlangen widerstehen konnte, die erste, herrliche Frucht dieses so glücklichen Moments mit eigenem Augen zu sehen...

Vielleicht waren es ihre Augen, die - wie von denen berichtet wurde, die sie selbst gesehen hatten - aus Moos und Feuer gemacht schienen und deren Blick durchdringend, aber traurig war; vielleicht auch ihre bleiche, sanfte Haut von Pfirsich und Bernstein oder ihr Haar mit seiner melodischen, goldfarbenen Perfektion, das wie ein Brautschleier hinter ihr den Boden berührte; ihre langen Beine und Hände, die Perlmuttschnecken glichen und sie zwangen, sich wie ein eitler, eleganter Schwan zu bewegen; oder ihre Lippen, die wie ein Kirschenzweig wirkten, der den Morgentau mit einem Kuss begrüssen möchte...

Niemand wusste genau, welcher seltsame Zauber dafür verantwortlich war, dass alle von dieser perfekten Dame in den Bann gezogen wurden; sicher war es die Anmut, die sich aus all den genannten Vorzügen ergab und sie trotz ihrer Traurigkeit zu einem Engel des Nordens machte...

Prinzessin Helena versuchte, ihre Trauer zu überwinden, indem sie, eingeschlossen in ihre königlichen Gemächer, die Leier spielte und dazu klagende Melodien sang, die die Herzen der Einwohner der Stadt verzauberten und sie mit einem dauernden Gefühl der Zuneigung und Melancholie erfüllten.

König Aben Habuz war insgeheim verliebter in sein anmutiges Geschenk als sonst irgendjemand; das glaubte er zumindest, denn auch der Weise Ibrahim, der die gotische Prinzessin in der Geborgenheit seiner Höhle in seiner magischen Kristallkugel beobachtete, hatte sich leidenschaftlich in sie verliebt...

Eines Morgens konnte es der ägyptische Zauberer nicht länger aushalten und ging in den Palast, um sie zu besuchen.

"Sieh an!", rief der König aus "Endlich kommt Ihr aus Eurer Höhle hervor, mein werter Freund Ibrahim! Sagt mir, was führt Euch zu mir?"

"Mein guter Herr", antwortete der Astrologe, "Ihr wisst, dass ich ein glückliches und ruhiges Leben führe, seit ich auf dem roten Hügel lebe, und dass ich nie etwas anderes von Euch verlangt habe, aber... vielleicht wäre es an der Zeit für weibliche Gesellschaft, die mir meine Hausarbeit erträglicher macht."

"Natürlich! Ich wusste schon, dass so viel Einsamkeit niemandem gut tut. Wählt die Hofdame, die Euch passend erscheint."

"Es ist nicht ehrenvoll, etwas zu erbitten, was jemand anders als Geschenk erhalten hat, aber meine Dienste haben diesem Reich den Frieden gebracht, und da meine Liebe zur Prinzessin etwas Magisches ist, das nicht einmal ich selbst begreife und..."

"Die Prinzessin!? Ihr meint doch nicht etwa Prinzessin Helena!?"

Der König erzürnte sich, als er merkte, worauf der Zauberer hinauswollte, denn er selbst wollte die Prinzessin zu seiner Gemahlin und Königin von Granada machen... "Ich weigere mich!", sagte er. "Die Prinzessin soll keinem anderen gehören als mir selbst...!"

Die Prinzessin jedoch erwiderte die Liebe des Monarchen nicht, weshalb dieser sie verärgert in einen goldenen Käfig sperrte und diesen in grosser Höhe in einem der Wehrtürme seines Palastes aufhängen liess.

"Wenn ich Euch nicht bekomme, dann sollt Ihr auch keinem anderen gehören", sagte Aben Habuz in überheblicher und eifersüchtiger Stimmung.

Der Zauberer Ibrahim, der sich vom Monarchen Aben Habuz verraten fühlte, holte sich seinen Wetterhahn zurück und mit ihm seine friedensstiftende Kraft, die das Reich von Granada geschützt hatte. So kam es, dass die feindlichen Angriffe schon bald wieder die Ruhe des Königs bedrohten und dieser sich gezwungen sah, den Weisen aufzusuchen:

"Ich wünsche, unsere Freundschaft wiederherzustellen, Ibrahim", sagte er ihm.

"Das wird nicht möglich sein, Aben Habuz, bis Ihr mir nicht gebt, um was ich Euch bat."

"Ich kann Euch die Prinzessin nicht geben. Eher überliesse ich Euch mein Reich."

"Und ich kann Euch den Hahn nicht geben, denn ich muss diesen Ort verlassen."

"Ich mache Euch einen Vorschlag", sagte der König. "Ihr überlaßt mir den Hahn für immer und bekommt im Tausch das halbe Königreich Granada."

Der Zauberer misstraute dem König jedoch und antwortete deshalb:

"Ich mache Euch einen besseren Vorschlag: ich errichte für Euch die stärkste Festung, die jemals in irgendeinem Land gestanden hat, mit einem Talisman, der sie schützt, und in der Ihr den Rest Eures Lebens in Frieden leben könnt."

Jetzt war es der König, der misstrauisch fragte:

"Und was verlangt Ihr als Gegenleistung?"

"Wenn die Festung eingeweiht wird", antwortete der Zauberer, "müsst Ihr mir das erste Pferd überlassen, das sie betritt, einschliesslich der Last, die es trägt."

Der König traute seinen Ohren nicht; da er bei diesem Handel aber nur gewinnen konnte, zögerte er nicht, das Angebot anzunehmen.

"Abgemacht!", sagte er zufrieden.

"Aber wo werdet Ihr diese Festung errichten?"

"Hier auf dem roten Hügel, aus seiner Erde und seinem Gestein. Auf diese Weise werde ich der Prinzessin näher sein."

"So sei es, Ibrahim. Ihr könnt beginnen, wann es Euch genehm ist..."

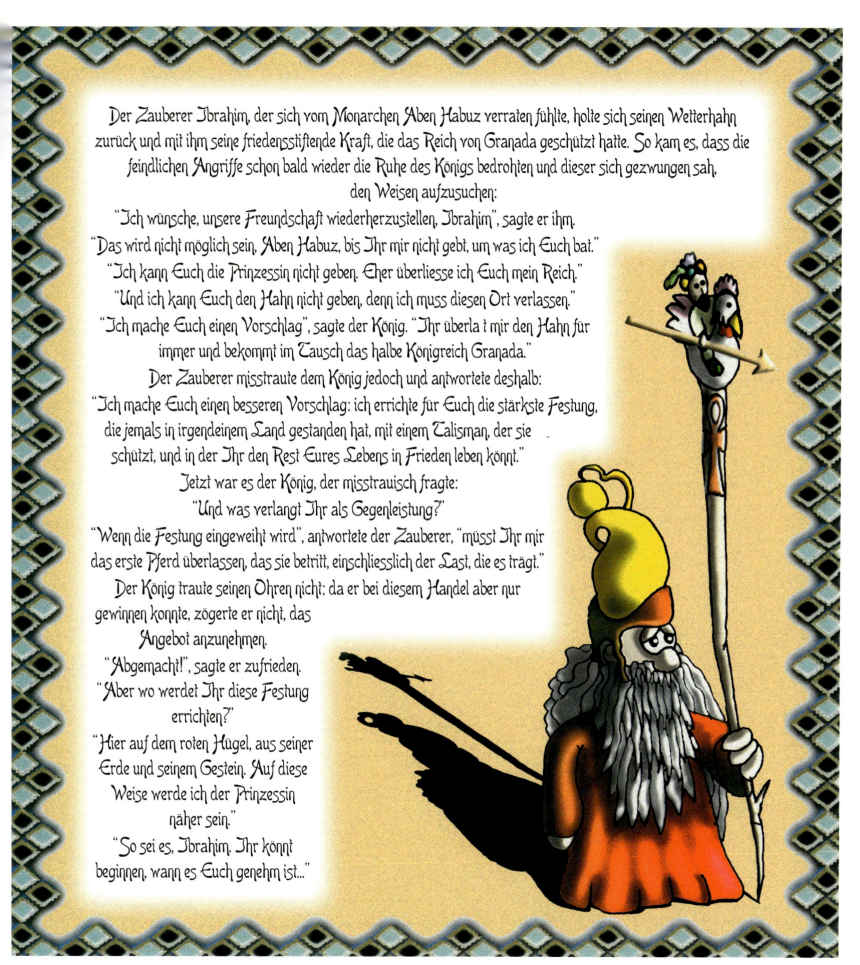

Als nun der ersehnte Tag der Einweihung der Alhambra gekommen war, wurde die rote Festung für die Ankunft des Herrschers geschmückt, der sich nicht nur von Soldaten und Höflingen, sondern auch von der Prinzessin Helena begleiten liess, die er nur für diesen besonderen Anlass extra aus ihrem Gefängnis befreit hatte.

"Unglaublich!", rief der Monarch überwältigt aus. "Welch exquisiter Geschmack, mein guter Ibrahim! Ich habe noch nie einem vergleichbaren Palast gesehen. Welche Schönheit!"

Der Zauberer, der unter dem grossen, fast durchsichtigen Bogen stand, der den Eingang zur magischen Festung darstellte, lud die Ankommenden zum Eintreten ein:

"Dies ist Euer neues Haus, Herr. In ihm kann Euch nichts geschehen."

Der König wollte die Festung bereits eilig betreten, als ihn der weise Greis aufhielt:

"Meint Ihr nicht, die Dame sollte vorangehen?", fragte er, indem er auf die Prinzessin deutete.

"Aber natürlich!", antwortete der König, ohne lange nachzudenken.

Und das Pferd, das die Prinzessin trug, schritt als erstes unter dem merkwürdigen Bogen hindurch.

Da löste sich dieser plötzlich auf, und zur Verblüffung aller Anwesenden verschwanden der Zauberer und die Prinzessin in der Höhle des Alten, verschlossen ihren Eingang sofort mit Steinen und mauerten sich so auf alle Zeiten ein.

"Versprochen ist versprochen, Herr... Ha, ha, ha...!", hörte man den Weisen noch sagen, bevor er verschwand...

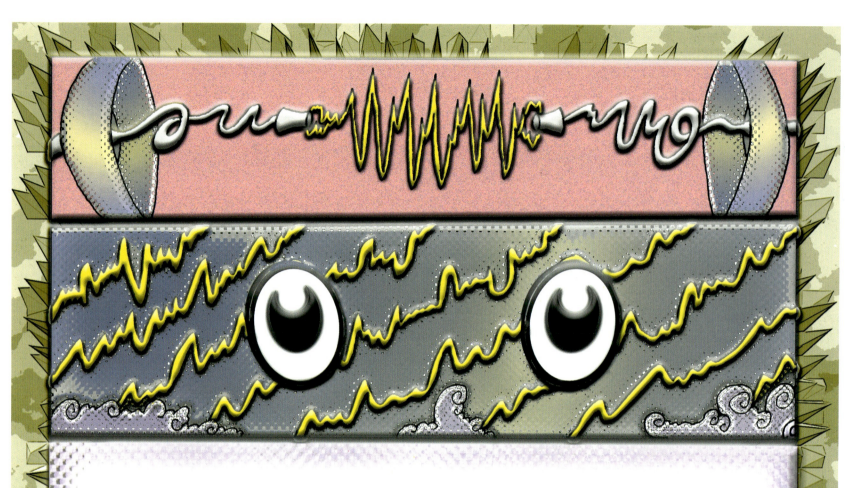

Der ägyptische Zauberer bekam, was er wollte, da er der Weisere war, und nahm die Prinzessin mit in sein Versteck unter der Alhambra, das man bis heute nicht gefunden hat.

Der König hingegen nannte nun die schönste jemals errichtete Palastfestung sein eigen, die in der Höhe des magischen roten Hügels die Stadt Granada krönte und ihm Sicherheit und Ruhe gab. Allerdings starb er bereits wenige Jahre später an Gram und unerfüllter Liebe in seiner roten Festung, die er seit dem Tag ihrer Einweihung nicht mehr verlassen hatte.

Den Königen, die nach Aben Habuz das wundervolle und friedliche Königreich Granada regieren durften, war die Ehre vergönnt, die Räumlichkeiten und Gärten des so schönen und edlen roten Palastes zu bewohnen und in ihnen umherzuwandeln; desselben beeindruckenden Palastes, an dessen Anblick sich die Bewohner und Besucher der Stadt erfreuten und den wir noch heute bewundern können.

Es gibt Leute, die versichern, dass in Vollmondnächten, die auf den Jahrestag des Baus der Alhambra fallen, an einigen Stellen des Palastes der melodische Klang einer bezaubernden, süssen Leier zu hören ist, deren Noten auch in den letzten Winkel des Reiches gelangen...

Die Legende berichtet, ein andalusischer König habe in Granada einen fabelhaften Palast errichten lassen. Dabei hatte dieser Mann namens Aben Habuz gesehen, wie das Wunder aus dem Nichts entstanden war, vollbracht von einem Weisen aus dem Orient, dem es gelungen war, die Herzensdame des Herrschers zu erobern.

Und nun wissen wir alle, wer die Alhambra schuf, nämlich die Liebe mit ihrem Zauber.

Ende